Franziska Perels

Mit Kindern Lernen lernen

Selbstreguliertes Lernen
im Kindergarten anleiten

Vandenhoeck & Ruprecht

Unser Dank gilt der Müller-Reitz-Stiftung, deren finanzielle Unterstützung dieses Buchprojekt ermöglicht hat.

Mit 10 Zeichnungen von Magdalena Perels.

Bibliografische Information der Deutschen Nationalbibliothek

Die Deutsche Nationalbibliothek verzeichnet diese Publikation in der Deutschen Nationalbibliografie; detaillierte bibliografische Daten sind im Internet über http://dnb.d-nb.de abrufbar.

ISBN 978-3-525-70108-9

Gesamtherstellung: ⊕ Hubert & Co, Göttingen

Inhalt

Wieso, weshalb, warum?. 5

Eigenverantwortliches Lernen lernen 9

    Vor dem Lernen 9

    Während des Lernens 12

    Nach dem Lernen 18

„Bernie-Bär und der Geburtstagskuchen". 21

Eigenverantwortliches Lernen lehren 27

    Vor dem Lernen 27

    Während des Lernens 33

    Nach dem Lernen 40

Zusammenfassung der Strategien 43

Zusammenfassung der Fördermethoden 45

Wieso, weshalb, warum?

Liebe Erzieherinnen, liebe Erzieher, liebe Eltern,
Lernen lernen steht heute auf dem Stundenplan. Ein neues Unterrichtsfach? Wir gehen weiter. Lernen lernen gehört schon in den Kindergarten.

Die Ergebnisse der PISA[1]- und Delphi-Studie[2] zeigen, dass sich das Lernverhalten der Schülerinnen und Schüler in Deutschland verändern muss. Vor allem die Bedeutung lernmethodischer Kompetenzen, d.h. von „Lernen lernen"-Strategien wird zunehmen und sollte nach Meinung von Bildungsexperten schon in Tageseinrichtungen für Kinder vermittelt werden. Denn bereits im Kindergarten lassen sich Lernkompetenzen fördern, sodass die Kinder optimal auf das schulische und lebenslange Lernen vorbereitet werden.

Wir möchten Ihnen Vorschläge machen, wie Sie Kinder beim Lernen Lernen unterstützen können. Dazu ist es wichtig, dass Sie selbst darin fit sind. Haben Sie Lernen gelernt?

Im ersten Teil des Buches geht es um Sie. Vom persönlichen Lerngewinn einmal abgesehen, werden Ihnen die Strategien bei Ihrer Arbeit bzw. im Umgang mit den Kindern im Kindergartenalter helfen.

Nachdem Sie zum Experten des eigenverantwortlichen Lernens geworden sind, bekommen Sie zusätzlich Methoden vorgestellt, wie Sie das eigenverantwortliche Lernen bei

---

1 Baumert, J., Klieme, E. , Neubrand, J., Prenzel, M., Schiefele, U., Schneider, W., Stanat, P., Tillmann, K.-J., Weiß, M. (2001). PISA 2000 – Basiskompetenzen von Schülerinnnen und Schülern im internationalen Vergleich. Opladen:Leske + Buderich.
2 Bundesministerium für Bildung und Forschung (1998a). Delphi-Befragung 1996 & 1998. Abschlussbericht zum „Bildungs-Delphi". Bundesministerium für Bildung und Forschung, Bonn.

Kindern im Vorschulalter gezielt fördern können. Aus den zahlreichen Förderangeboten und -möglichkeiten können Sie sich eine Methode auswählen, die am besten zu Ihnen passt. Die Bildergeschichte von „Bernie-Bär", der seiner Freundin ein besonderes Geburtstagsgeschenk machen möchte, beschreibt altersgerecht, wie sich die Strategien eigenverantwortlichen Lernens auf die Lebenswelt und die Themen der Kindern übertragen lassen. Die Bilder der Geschichte können Sie sich mit den Kindern ansehen und dazu nutzen, die Lernstrategien zu thematisieren.

In der Psychologie wird das eigenverantwortliche Lernen unter dem Begriff Selbstregulation bzw. selbstreguliertes Lernen thematisiert. Die folgenden Anregungen und Hinweise für Sie und Ihre Kinder basieren auf einem Modell zum selbstregulierten Lernen von Schmitz.3 Hier wird der Prozess des Lernens in drei Phasen gegliedert: *vor*, *während* und *nach dem Lernen*.

Dabei geht es *vor dem Lernen* um die Planung und Vorbereitung einer Aufgabe. Diese steht im Zusammenhang mit der Situation, in der die Aufgabe gestellt wurde und den Gefühlen, die der Lernende zu diesem Zeitpunkt hat. Wichtig ist es in der Phase vor dem Lernen, die Motivation zur Aufgabenbearbeitung zu fördern. *Während des Lernens* geht es darum, die Aufgabe bis zum Ende durchzuführen. Deshalb ist es in dieser Phase wichtig, an der Aufgabe dranzubleiben und sich gegen Ablenker (von innen und von außen) abzuschirmen. Um den Lernprozess möglichst optimal zu gestalten ist es von Bedeutung, dass der Lernende über das eigene Lernen nachdenkt und ggf. sein/ihr Lernen an die Erfordernisse anpasst (Selbstbeobachtung).

Nach dem Lernen ist der Lernprozess noch nicht abgeschlossen. In dieser Lernphase ist es wichtig, dass der Lernende das Ergebnis, das er/sie erreicht hat, deutlich vor Au-

---

3　Schmitz, B. (2001). Self-Monitoring zur Unterstützung des Transfers einer Schulung in Selbstregulation für Studierende. Zeitschrift für Pädagogische Psychologie, 15, 179–195.

gen hat. Es folgt eine Reflexion, d.h. ein Überdenken der Handlung, die mit Bewertungen und Vergleichen verbunden ist. Dieser Vergleich kann dazu führen, dass man sich gut fühlt oder eher unzufrieden ist. Je nachdem, wie der Vergleich ausfällt, beeinflusst das die Art und Weise, wie beim nächsten Lernprozess an die Aufgabe herangegangen wird. So kann das Ziel der Aufgabe oder die Herangehensweise verändert werden.

Wenn Sie mögen, können Sie die Geschichte von Bernie-Bär aus dem Buch kopieren und den Kindern zum Ausmalen geben oder Sie laden sich die Ausmalvorlagen im DIN-A4-Format auf der Homepage des Verlages Vandenhoeck & Ruprecht GmbH & Co. KG (www.v-r-schule.de) herunter.

Viel Spaß beim Lernen Lernen und Lehren.

Franziska und Magdalena Perels

Eigenverantwortliches Lernen lernen

Vor dem Lernen

In der Phase vor dem Lernen oder vor einer Handlung ist es das Wichtigste, ein klar beschriebenes Ziel vor Augen zu haben und die Aufgabe zu planen. Oft beginnen wir Tätigkeiten, ohne genau zu wissen, was wir erreichen wollen. Entsprechend sind Handlungen dann nicht zielgerichtet und nicht zielführend. Gut definierte Ziele helfen also, Tätigkeiten besser zu strukturieren und somit das gesetzte Ziel besser zu erreichen.

Ziele lassen sich in Nah- und Fernziele unterteilen. Diese Einteilung ermöglicht die Aufstellung einer Zielhierarchie. Manche Dinge müssen sofort erledigt werden, andere haben länger Zeit. So gibt es in Ihrem Arbeitsalltag Tages-, Wochen- und vielleicht auch Jahresziele.

Die Wirksamkeit eines gesetzten Ziels hängt von verschiedenen Punkten ab. Die höchsten Leistungen ermöglichen Ziele dann, wenn sie nach dem SMART-Modell[4] formuliert sind.

S	spezifisch
M	messbar
A	anspruchsvoll
R	realistisch
T	terminiert

Spezifisch, d.h. klar und genau formulierte Ziele beeinflussen die Zielerreichung positiv, da sie genau beschreiben, was

---

4 Seiwert, L. J. (1984). Das 1x1 des Zeitmanagements. Speyer: Gabal.

es zu erreichen gilt. Wenn Sie also planen, z.B. ein Kindergartenprojekt durchzuführen, formulieren Sie so genau wie möglich, was für ein Projekt es sein soll und welche Aspekte bei der Planung zu beachten sind.

Versuchen Sie außerdem, Ihr Ziel so zu formulieren, dass es *messbar* ist, d.h. dass Sie klar erkennen können, wann das Ziel erreicht ist. Anderenfalls können Sie nicht erkennen, ob Sie es tatsächlich erreicht haben.

Je höher Ihr Anspruch ist, desto mehr können Sie erreichen. Setzen Sie sich also *anspruchsvolle* Ziele, die aber auch *realistisch* sind. Sonst werden Sie irgendwann frustriert sein.

Und überlegen Sie sich, bis wann Sie Ihr Ziel erreichen möchten. Einzuhaltende Fristen strukturieren unsere Tätigkeiten.

Anwendungsaufgabe

Formulieren Sie für eine aktuelle Aufgabe (ggf. im Kindergarten) eine *smarte* Zielsetzung. Überlegen Sie sich für die Aufgabe (z.B. die Planung des nächsten Ausflugs), was genau Sie machen wollen (spezifisch), woran Sie erkennen können, ob Sie Ihr Ziel erreicht haben (messbar), wie viel Sie sich vornehmen können, damit es anspruchsvoll, aber auch realistisch ist und bis wann Sie die Aufgabe bewältigen möchten (terminiert).

Planung

Nachdem Sie sich ein smartes Ziel gesetzt haben, sollten Sie sich überlegen, wie Sie dieses Ziel erreichen können. Wenn Sie also das Ziel haben, einen Ausflug zu gestalten, überlegen Sie sich im nächsten Schritt, was geklärt, getan, geplant werden muss.

Anwendungsaufgabe

Planen Sie einen der nächsten Tage (ggf. im Kindergarten). Was möchten Sie erreichen? Wie möchten Sie es erreichen? Erstellen Sie sich einen Zeitplan und überlegen Sie sich, welche Bedingungen erfüllt sein müssen, damit Sie Ihr Ziel erreichen können. Überlegen Sie sich auch, welche Hindernisse der Zielerreichung im Weg stehen könnten.

Motivation

Die Motivation bestimmt die Energie, die wir für eine Sache aufwenden, aber auch die Richtung, in die wir uns bewegen. Man unterscheidet allgemein extrinsische von intrinsischer Motivation.[5]

Extrinsische Motivation meint eine Motivation, die abhängig ist von Anreizen, die aus der Umwelt kommen (z.B. Belohnungen). Intrinsische Motivation hingegen kommt aus dem Menschen selbst, Belohnung von außen ist nicht nötig, da die Tätigkeit selbst als belohnend empfunden wird. Diese beiden Formen der Motivation gehen mit unterschiedlicher Selbstwahrnehmung einher und beeinflussen die Prozesse unserer Ursachenzuschreibung. Da die eigene Motivation wertvoller ist als eine von außen gesteuerte, ist es hilfreich, auch an ungeliebten Aufgaben Anteile zu suchen und zu entdecken, die für uns selbst einen Nutzen haben.

Durch die Beschäftigung mit einem Thema gewinnen wir neue Erkenntnisse und erlangen Verständnis – auch bei Aufgaben, die zunächst wenig attraktiv erscheinen! Heben Sie positive Seiten des Lerngegenstandes hervor: Aktivieren Sie Ihr Vorwissen und wecken Sie Ihre Neugierde. Schaffen

---

5 Rheinberg, F. (2006). *Motivation*, 6. Auflage. Stuttgart: Kohlhammer.

Sie sich günstige Gewohnheiten, räumen Sie Hindernisse aus dem Weg und stellen Sie immer wieder den persönlichen Nutzen der Tätigkeit heraus. Sie können sich auch Belohnungen in Aussicht stellen (z. B. ein schöner Ausflug mit den Kindern, ein Eis am Ende des Arbeitstages usw.).

Anwendungsaufgabe

Überlegen Sie sich für eine anstehende ungeliebte Aufgabe einige positive Anreize, wegen derer Sie die Aufgabe erledigen. Was können Sie dieser Tätigkeit abgewinnen? Was ist der Sinn für Sie dahinter? Wie könnte eine Belohnung aussehen? Und wie können Sie die Situation gestalten, damit Sie Spaß an der Aufgabe haben?

Während des Lernens

In der Phase während des Lernens geht es vor allen Dingen darum, eine Handlung konzentriert auszuführen und trotz verschiedener Ablenker dranzubleiben.

In Ihrem Arbeitsalltag haben Sie ständig mit Ablenkung von außen zu kämpfen, aber auch innere Ablenker wie störende Gedanken beeinträchtigen zielgerichtetes Arbeiten häufig negativ. Äußere Ablenker sollten Sie versuchen weitgehend auszuschalten (z. B. das Telefon abstellen oder Kollegen mitteilen, dass Sie in einer intensiven Konzentrationsphase nicht gestört werden möchten). Ein ruhiger, aufgeräumter Arbeitsplatz enthält weniger „Ablenker". Auch wenn Sie zu festgelegten Zeiten an Ihren Aufgaben arbeiten, können Sie die Ablenkung gering halten. Wenn Sie sehr wichtige Dinge zu erledigen haben, die Sie gedanklich stark beschäftigen, erledigen Sie sie, bevor Sie mit einer anderen Tätigkeit beginnen. Häufig treten Ablenker auf, die man nicht vorhersehen kann und welche die Arbeit behindern. Geben Sie diesen für eine festgelegte Zeit nach, damit Sie sich danach wieder ganz auf die Aufgabe konzentrieren können.

Anwendungsaufgabe

Überlegen Sie, ob es Ablenker gibt, die während Ihrer Arbeit immer wieder auftreten. Können Sie diese Ablenker ausschalten und wie machen Sie das am besten? Was können Sie tun, damit Sie trotz dieser Störungen gut arbeiten können?

Aufschieben

Gründe für das Aufschieben einer Handlung können in verschiedenen Bereichen liegen. Gründe der *Situation* sind z.B. familiäre Belastungen oder große Beanspruchung am Arbeitsplatz. Aber auch eine uninteressante oder zu schwere *Aufgabe* kann dazu führen, dass man die Erledigung aufschiebt. Die meisten Gründe sind jedoch *persönlich* begründet. Ungünstige Gewohnheiten oder schlechtes Zeitmanagement erschweren zielgerichtete Arbeit. Aber auch z.B. Ärger, Angst oder Unlust, die die Person bewegen, können das Aufschieben bedingen.

Einstellungen wie „Ich mache immer alles auf den letzten Drücker und es hat gut geklappt", oder Perfektionismus sind ebenfalls Gründe für unnötiges Aufschieben. Manchmal werden Aufgaben auch aufgrund *motivationaler Konflikte* aufgeschoben. Hat man Angst zu versagen, erledigt man die Aufgabe lieber erst einmal nicht, um sich selbst zu schützen. Oft ist die Aufgabe auch uninteressant und man hat keine Lust, sie zu erledigen, obwohl man weiß, dass sie wichtig ist. Solche Zustände verhindern Aktivität.

Eigenschaften der Situation oder der Aufgabe können wir häufig nicht beeinflussen. Die Ursachen, die in uns selbst liegen, können Sie hingegen gezielt beeinflussen, um zukünftiges Aufschieben zu vermeiden.

Schaffen Sie sich günstige Gewohnheiten, indem Sie z.B. feste Zeiten für bestimmte Aufgaben einplanen und berücksichtigen Sie „Zeitpuffer" für unvorhergesehene Zwischenfälle. Machen Sie sich auch die Gefühle bewusst, die die Aufgabe in Ihnen auslöst (z.B. Ärger oder Unlust) und vergegenwärtigen Sie sich die Bedeutung der Aufgabe. Nicht zuletzt hilft auch eine gute Zielsetzung gegen das Aufschieben von Aufgaben.

Anwendungsaufgabe

Überlegen Sie, wann und warum Sie Aufgaben aufschieben. Machen Sie sich die Ursachen für Ihr Verhalten bewusst und probieren Sie aus, welche der oben genannten Strategien Ihnen am besten gegen das Aufschieben helfen.

Dranbleiben

Bevor man mit einer Handlung beginnt, ist es wichtig, sich ein Ziel zu setzen und die Zielerreichung zu planen. Wenn man jedoch mitten in der Aufgabe steckt, stehen andere Schwierigkeiten im Mittelpunkt. Man muss sich gegen Ablenkung abschirmen, die Konzentration aufrechterhalten und Unlust ertragen. Das „Dranbleiben" wird zur Hauptaufgabe und Willensstrategien werden wichtig. Durststrecken bei der Erledigung einer Aufgabe sind normal und niemals ein Grund aufzugeben. Wenn Sie bemerken, dass Ihnen das Dranbleiben schwerfällt, machen Sie für eine festgesetzte Zeit eine Pause, denken Sie an das gute Gefühl, das sich einstellen wird, wenn Sie die Arbeit beendet haben, oder an eine Belohnung, die Sie sich gönnen werden.

Die folgenden Strategien helfen Ihnen dranzubleiben:

- *Motivationskontrolle:* Konzentrieren Sie Ihre Gedanken auf die positiven Anreize, die die Aufgabe Ihnen bietet.
- *Aufmerksamkeitskontrolle:* Behalten Sie die Bedeutung des Ziels im Auge und lenken Sie Ihre Gedanken darauf.
- *Kontrolle der Wahrnehmungsfunktionen:* Versuchen Sie, irrelevante oder störende Reize auszuschalten und sich ganz auf die Aufgabe zu konzentrieren.
- *Emotionskontrolle:* Regulieren Sie Ihre Gefühle. Negative Gefühle beeinträchtigen das Lernen. Spaß und Interesse am Thema helfen Ihnen, durchzuhalten. Wenn Sie negative Emotionen bei einer Aufgabe verspüren, machen Sie eine Pause. Wenn das nicht geht, erinnern Sie sich an positive Dinge, die mit der Aufgabe verbunden sind oder stellen Sie sich eine Belohnung in Aussicht.
- *Misserfolgs- und Aktivierungskontrolle:* Wenn Sie einen Fehler machen oder die Aufgabe schwer ist, suchen Sie nach Möglichkeiten, wie Sie die Tätigkeit dennoch beenden können.
- *Umweltkontrolle:* Gestalten Sie Ihre Arbeitsumwelt so, dass Sie gut arbeiten können (günstige Gewohnheiten, Ruhe etc.).

Anwendungsaufgabe

Wenn Sie das nächste Mal über einer Aufgabe sitzen und keine Lust mehr haben – versuchen Sie durchzuhalten! Denken Sie an das schöne Gefühl, es geschafft zu haben oder stellen Sie sich eine Belohnung in Aussicht. Notieren Sie hinterher, warum Sie es geschafft haben, dranzubleiben, oder warum Sie es noch nicht geschafft haben könnten.

Überlegen Sie sich außerdem, welche der oben genannten Strategien Sie bereits eingesetzt haben und welche Ihnen noch neu sind. Probieren Sie diese aus.

Konzentration

Während der Arbeit an einer Aufgabe ist gute Konzentration von großer Bedeutung. Diese aufrechtzuerhalten ist nicht immer leicht. Wenn die Aufgabe lange dauert, werden wir müde. Oder es kommt vor, dass wir von unseren eigenen Gedanken oder Störreizen aus der Umwelt abgelenkt werden.

Wenn Sie bemerken, dass Ihre Konzentration nachlässt, machen Sie nicht einfach unkonzentriert weiter. Machen Sie stattdessen eine Konzentrationsübung wie z.B.

Instruktion für Trainer zur Konzentrationsübung
„Punkt auf der Stirn"

Schließe die Augen und stelle dir vor, dass sich zwischen deinen Augen auf deiner Stirn ein schwarzer Punkt befindet.

- Pause -

Du siehst jetzt, wie der Punkt größer wird …

– Pause –

… und dann, wie er wieder kleiner wird.

– Pause –

Dann verändert der Punkt seine Farbe. Zuerst ist er rot, …

– Pause –

… dann wird er blau …

– Pause –

… und am Ende ist er leuchtend gelb.

Auch eine kurze Pause, die Sie mit etwas füllen, das Ihnen Spaß macht (z.B. an die frische Luft gehen, etwas trinken oder kurz mit jemanden bzw. Kollegen plaudern) hilft.

Wenn Sie von Ihren eigenen Gedanken abgelenkt werden, können Sie sich ein Stopp-Schild vorsetzen. Stellen Sie sich dazu ein großes rotes Stopp-Schild vor und sagen Sie zu Ihren Gedanken: „Stopp!"

Selbstbeobachtung

Unter Selbstbeobachtung versteht man das Beobachten oder Aufzeichnen des eigenen Verhaltens oder Erlebens. Verschiedene Untersuchungen konnten zeigen, dass allein die Beobachtung des eigenen Verhaltens schon ausreicht, um eine Verhaltensänderung oder einen Wissenszuwachs nach sich zu ziehen. Durch die fortwährende Selbstbeobachtung während einer Handlung wird das eigene Verhalten bewusst gemacht und eine Beurteilung des Verhaltens kann erfolgen. Je nachdem, ob die Bewertung positiv oder negativ ausfällt, kann das eigene Verhalten verändert werden.

Während der Selbstbeobachtung können Sie sich z.B. folgende Fragen stellen: Fühle ich mich abgelenkt? Komme ich so voran, wie ich es mir wünsche, oder brauche ich eine andere Vorgehensweise? Je nachdem, wie die Antworten auf diese Fragen ausfallen, können Sie gezielt eingreifen und sich z.B. zu erneuter Konzentration ermahnen oder einen Ablenker ausschalten.

Anwendungsaufgabe

Wenn Sie das nächste Mal an einer Aufgabe arbeiten, beobachten Sie sich dabei selbst. Achten Sie auf Ihre Aufmerksamkeit und Konzentration. Sind Sie mit Ihren Gedanken ganz bei der Sache oder sind Sie abgelenkt? Warum?

Wenn Sie diese Dinge gut feststellen können, versuchen Sie in einem nächsten Schritt, wenn nötig, mit einer der beschriebenen Strategien einzugreifen, um Ihr Lernen zu optimieren.

Nach dem Lernen

Reflexion

Nachdem Sie eine Handlung abgeschlossen haben, beginnt die Reflexion. Lassen Sie Ihr Handeln Revue passieren und fragen Sie sich, was gut und weniger gut gelaufen ist. Was waren die Gründe dafür? Was hat Ihnen bei der Bewältigung der Aufgabe geholfen, was hat Ihnen die Erledigung schwer gemacht? Bewerten Sie Ihr Verhalten. Aus diesen Bewertungen ergeben sich Richtlinien für zukünftiges Verhalten. Die Reflexion schafft somit eine Grundlage, Verhalten zu ändern und zukünftig effektiver zu handeln.

Anwendungsaufgabe

Nehmen Sie sich nach einer Ihrer nächsten Aufgaben zehn Minuten Zeit für die Reflexion. Notieren Sie sich, was gut und was weniger gut war. Fragen Sie sich nach den Ursachen. Fragen Sie sich zudem, ob und wie Sie die Aufgabenbewältigung mit den oben beschriebenen Strategien positiv beeinflussen könnten.

Ursachenzuschreibung

Mit der Erledigung einer Aufgabe ist immer entweder ein Erfolg oder ein Misserfolg verbunden. Ursachenzuschreibung bedeutet, dass wir den Erfolg oder Misserfolg einer Tätigkeit bestimmten Gründen zuschreiben.

Die Art, wie wir unseren Erfolgen oder Misserfolgen Ursachen zuschreiben, dient uns als Leitlinie für folgendes Verhalten. Sehen wir die Ursachen für einen Misserfolg als außerhalb unserer Kontrolle liegend an, werden wir beim nächsten Versuch nichts ändern. Erfolge und Misserfolge sollten daher internal (also innerhalb der eigenen Kontrolle liegend) begründet werden. Eine solche Ursachenzuschreibung stärkt den Glauben in die eigenen Möglichkeiten, Situationen erfolgreich bewältigen zu können.

Anwendungsaufgabe

Überlegen Sie, worauf Sie Erfolge und Misserfolge häufig zurückführen. Lässt sich ein Stil erkennen? Versuchen Sie, wenn Sie es nicht schon tun, eine günstige Ursachenzuschreibung anzuwenden. Günstig ist dabei, Erfolge und Misserfolge in der eigenen Kontrolle zu sehen, damit man ggf. etwas ändern kann.

„Bernie-Bär und der Geburtstagskuchen"

Jetzt sind Sie Lernen-Lern-Experte. Das heißt, jetzt wird es richtig spannend: Wie vermitteln Sie nun die Strategien angemessen Ihren Kindern bzw. Ihrem Kind?

Wie im ersten Abschnitt angekündigt, wollen wir Ihnen die Geschichte von Bernie-Bär an die Seite stellen, die den Selbstlernprozess kindgerecht thematisiert und dokumentiert.

Zunächst präsentieren wir Ihnen nur die Geschichte. Im Abschnitt „Eigenverantwortliches Lernen lehren" finden dann neben den kindgerechten Strategien auch Anwendungsvorschläge zu den jeweiligen Bildern.

Bild 1: Das ist Bernie-Bär.

Bild 2: Bernie-Bär hat viele gute Freunde.

Bild 3: Kathie-Katze, Bernies Freundin hat Geburtstag und Bernie möchte ihr etwas besonders Schönes schenken. Doch worüber würde sie sich freuen, überlegt Bernie-Bär.

Bild 4: Bernie-Bär möchte seiner Freundin Kathie-Katze einen selbstgebackenen Geburtstagskuchen schenken. Aber wie soll er anfangen? Was muss er tun?

Bild 5: Bernie-Bär backt den Geburtstagskuchen konzentriert und mit voller Hingabe.

Bild 6: Als Bernie-Bär nicht weiterkommt, weil er zu klein ist, um das Rührgerät vom Schrank zu holen, bittet er seine Freunde Hansie-Hase und Franzie-Ferkel um Hilfe.

Bild 7: Um auch nichts zu vergessen oder falsch zu machen, nimmt Bernie-Bär das Backbuch zu Hilfe.

Bild 8: Puhhh, so einen Kuchen zu backen ist ganz schön anstre-
gend, aber wenn Bernie-Bär daran denkt, wie sehr sich seine
Freundin Kathie-Katze über den Geburtagskuchen freuen wird,
fällt ihm das Backen wieder leichter.

Bild 9: Als der Kuchen endlich fertig ist, kontrolliert Bernie-Bär, ob
ihm der Kuchen auch gelungen ist.

Bild 10: Kathie-Katze freut sich sehr über ihren schönen Geburtstagskuchen und Bernie-Bär ist ganz stolz auf sich. Jetzt kann endlich gefeiert werden!

Eigenverantwortliches Lernen lehren

Die Zielsetzung spielt für das eigenverantwortliche Lernen eine wichtige Rolle. Es ist wissenschaftlich nachgewiesen, dass schon Vorschulkinder bereits in der Lage sind, sich Ziele und Aufgaben auszuwählen, die ihren Fähigkeiten entsprechen. Es ist daher wichtig, die Zielsetzung auch bei Kindern gezielt zu fördern.

Vor dem Lernen

Metakognitive Dialoge

Eine Möglichkeit, die Zielsetzung bei Vorschulkindern gezielt zu verbessern, ist die Methode des metakognitiven Dialoges. Der metakognitive Dialog bezeichnet ein Gespräch zwischen Bezugsperson/Erzieherin und Kind, in denen verschiedene Aspekte des Lernens reflektiert und besprochen werden. Besonders für Vorschulkinder ist diese Form des Dialogs wichtig, da sie noch auf einer viel konkreteren Ebene denken als Grundschulkinder. Die eigenständige Zielsetzung kann bei dem Kindergartenkind durch metakognitive Dialoge gefördert werden. Einige Fragen könnten z. B. sein: „Was möchtest du am Ende dieser Aufgabe erreichen?", „Ist das zu leicht/zu schwierig für dich?", „Kannst du die Aufgabe in kleine Schritte einteilen?"

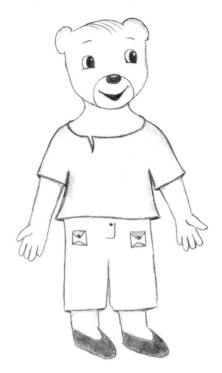

Bild 1

Bild 2

Anwendung, Bild 3

Zeigen Sie dem Kind das Bild, auf dem Bernie-Bär über ein Geburtstagsgeschenk nachdenkt. Durch systematisches Fragen können Sie dem Kind helfen, zu einer Zielsetzung zu gelangen: „Was könnte der Bernie-Bär verschenken?", „Was möchte er mit seinem Geschenk erreichen?", „Kann er das Geschenk selbermachen?"

Durch diese Form des metakognitiven Dialogs wird das Kind angeregt über ein Ziel nachzudenken.

Bild 3

Planung

Auch die Planung ist ein wesentlicher Bestandteil des selbst-bestimmten Lernens in der Phase *vor dem Lernen*. Kinder im Vorschulalter können bereits einfache Pläne für ihre Ak-tivitäten entwickeln. Planen bei Kindern bedeutet, die Auf-gabe in Teilschritte zu untergliedern, die einzelnen Schritte vorzubereiten und nicht sofort mit der Handlung zu begin-nen, sondern sich die benötigten Teile zurechtzulegen.

Mithilfe der folgenden Methoden fördern Sie die erste Phase des selbstregulierten Lernens:

1. *Modelllernen*
Das Modelllernen beschreibt ein stellvertretendes Lernen. Das bedeutet, dass durch die Beobachtung bestimmter Re-aktionen von Modellpersonen gelernt wird, ohne dass die Person die Reaktion selbst ausführen muss. Ein Kind imi-tiert folglich ein Verhalten, das es bei einer anderen Person beobachtet hat. Für die Planung bedeutet das, dass Sie dem Kind vormachen, wie eine Handlung geplant werden kann.

2. *Selbstverbalisation und Selbstinstruktion für die Planung*
Selbstverbalisation meint, dass das Kind mit sich selber spricht. Es ist eine gute Technik, um das eigene Verhalten zu beobachten. Der Vorteil besteht darin, dass das Kind einzel-ne Arbeitsschritte registriert und somit Fehler vermeiden kann. Die Technik der Selbstverbalisation erlernen Kinder nicht ohne die Hilfe von Erwachsenen; es gibt spezielle Trainings, in denen diese Fertigkeit vermittelt wird. Da-durch lernen die Kinder, sich selbst anzuweisen, sprich zu instruieren (Selbstinstruktion). Solche Trainings beinhalten beispielsweise Problemdefinitionen („Welche Materialien brauche ich?", „Womit soll ich anfangen?"), Selbstevaluati-on („Habe ich die passenden Farben benutzt?") und Co-ping/Bewältigung („Ich muss es noch mal probieren, wenn

ich es nicht schaffe.", Ich muss Hilfe holen, wenn ich vergessen habe, wie ich vorgehen muss."). Die Selbstinstruktion kann dem Kind bei der Planung sehr hilfreich sein. Indem sich das Kind zu Beginn einer Aufgabe selbst fragt, was zu tun ist, fokussiert es seine Aufmerksamkeit ganz auf die Tätigkeit. So kann es sein Vorgehen strukturieren und Fehler vermeiden.

Anwendung, Bild 4

Zeigen Sie dem Kind das Bild, auf dem sich Bernie-Bär überlegt, wie er vorgehen kann. Erklären sie, dass es sehr gut helfen kann, seine Gedanken laut auszusprechen. Machen Sie es vor (Modelllernen), indem Sie sich mit der Stimme des Bären selbst anweisen: „Wie soll ich jetzt vorgehen? Ich brauche einen Plan. Ich muss wissen, was ich alles brauche. Ich muss auch wissen, wo die ganzen Zutaten und Küchengeräte stehen. Und bis wann es fertig sein muss." Im Anschluss beantworten Sie sich selbst laut die Fragen.

Auf diese Weise erfährt das Kind, wie es sich bei der Planung einer Aufgabe selbst anleiten kann.

Bild 4

Während des Lernens

Konzentration

Eine Aufgabe konzentriert zu bearbeiten ist ein wesentlicher Bestandteil, um sie erfolgreich zu bewältigen. Ein Kind, das konzentriert arbeitet, ist ganz auf die Aufgabe bezogen, es gibt bei Schwierigkeiten nicht auf, sondern bleibt dran und zeigt Ausdauer beim Spiel.

Anwendung, Bild 5

Zeigen Sie dem Kind das Bild, auf dem Bernie-Bär backt. Erklären Sie ihm, dass er ganz auf die Aufgabe bezogen ist und große Ausdauer zeigt.

Bild 5

Dranbleiben

Während des Lernens ist es besonders wichtig, bei der Aufgabe zu bleiben und durchzuhalten, damit das gesetzte Ziel erreicht werden kann. Die Strategie „Dranbleiben" beschreibt die willentliche Kontrolle, eine Handlung aufrechtzuerhalten. Dazu gibt es verschiedene Methoden zur Förderung:

1. *Um Hilfe bitten*
Es ist wichtig, dass das Kind bei Schwierigkeiten, die es selbst nicht lösen kann, nicht die Aufgabe beiseite legt, sondern sich Hilfe holt. Daher sollte Kindern gezielt vermittelt werden, dass sie Hilfe holen dürfen, ja sogar sollen, wenn sie nicht weiterkommen.

Anwendung, Bild 6

Zeigen Sie dem Kind das Bild, auf dem Bernie-Bär Unterstützung holt. Erklären Sie, dass es wichtig ist, Hilfe zu holen, wenn man selber nicht weiter weiß. Bernie-Bär kann sich z.B. nicht alleine das Rührgerät vom Schrank holen. Aber er gibt nicht auf! Er weiß sich zu helfen und holt seine Freunde.

Bild 6

2. *Verbale Belohnung*
Eine weitere Möglichkeit, das Kind zu motivieren bei der Sache zu bleiben, ist das Loben. Loben ist eine Art der Belohnung (verbale Belohnung). Loben und an Teilerfolge erinnern, gerade wenn das Kind Schwierigkeiten hat dranzubleiben, motiviert und hilft nicht aufzugeben.

3. *Autonomieunterstützung*
Autonomieunterstützung gehört zu Hilfestellungen, die sich unter dem Begriff „Hilfe zur Selbsthilfe" zusammenfassen lassen. Das Ziel dieser Technik besteht darin, dass sich die Erzieherin/die Bezugsperson zurücknimmt, um dem Kind eigenständige Lösungen zu ermöglichen. Es kommt also entscheidend darauf an, die Selbständigkeit des Kindes zu unterstützen.

Da die Unterstützung der Selbständigkeit, die intrinsische Motivation bei Schülern beeinflusst, erscheint es plausibel, dass dieser Zusammenhang auch bei Vorschulkindern besteht.

Selbstbeobachtung

Selbstbeobachtung meint, dass eine Person ihr eigenes Verhalten bewusst beobachtet. Sie zeigt sich bei einem Kind darin, dass es häufig überprüft, ob es einen Fehler in einer Aufgabe gemacht hat. Dazu vergleicht es sein Ergebnis mit der Vorlage. Es modifiziert seine Herangehensweise bzw. passt sie immer wieder an und nutzt Denkpausen, um sein Verhalten anzugleichen. Möglichkeiten zur Förderung:

1. *Bilderbuch Bernie-Bär*
Die Bildergeschichte von Bernie-Bär liefert z.B. eine Möglichkeit die Selbstbeobachtung kindgerecht zu fördern. Anhand des Bildes 7, auf dem Bernie-Bär mithilfe des Kochbuches backt und sein Vorgehen kontrolliert, können Sie dem Kind erklären, wie mit Selbstbeobachtung Fehler vermieden werden können.

Anwendung, Bild 7

Gehen Sie nun weiter zu dem Bild, auf dem Bernie-Bär mithilfe des Kochbuches backt. Zeigen und erklären Sie dem Kind, wie der Bär die Zutaten abmisst, zusammenmischt und dabei immer wieder mithilfe des Buches kontrolliert, ob auch wirklich alles stimmt.

Anhand dieses Beispiels machen Sie dem Kind deutlich, dass es wichtig ist, seine eigenen Handlungen genau zu beobachten und zu kontrollieren, damit man keine Fehler macht.

Bild 7

2. Genaue Demonstration des gewünschten Verhaltens

Eine Handlung soll möglichst detailgetreu vorgemacht werden, sodass es das Kind nachmachen kann. Es ist hilfreich, die Handlung dabei zu kommentieren.

Anwendung

Eine genaue Demonstration des gewünschten Verhaltens im Falle von Selbstbeobachtung könnte folgendermaßen aussehen: Machen Sie dem Kind vor, wie man sich selbst beobachten kann. Sie demonstrieren, wie man sein Ergebnis mit der Vorlage vergleicht und somit Fehler vermeidet. Dabei können Sie Ihre Handlung zusätzlich kommentieren: „So, ich muss jetzt genau aufpassen, was ich mache. Hier habe ich meine Aufgabe. Jetzt muss ich vergleichen, ob mein Ergebnis mit der Vorlage übereinstimmt. Wenn es nicht übereinstimmt, muss ich mein Handeln ändern. Wenn es übereinstimmt, kann ich weitermachen."

3. Ermunterung, das gewünschte Verhalten zu zeigen

Bei dieser Technik ermuntern Sie das Kind, ein gewünschtes Verhalten zu zeigen. Dabei können Sie das Kind mithilfe von Fragen und Aufforderungen zu einer Handlung motivieren. Voraussetzung dafür ist, dass dem Kind das gewünschte Verhalten bekannt ist.

Anwendung

Bezogen auf Selbstbeobachtung können Sie das Kind folgendermaßen ermuntern, das gewünschte Verhalten zu zeigen: „Kannst du dich noch an die Bildergeschichte von Bernie-Bär erinnern? Weißt du noch, was der Bär gemacht hat, um auch ja alles richtig zu

machen? Erklär mir das mal. Weißt du, wie du jetzt
Fehler vermeiden kannst?"

Umgang mit Ablenkern

Kinder können leicht von einer Aufgabe abgelenkt werden.
Neben äußeren Reizen (z.B. Lärm) können sie auch von ihren eigenen Gedanken gestört werden. Denken Kinder z.B.
über negative Dinge nach oder zweifeln an sich selbst („Ich
schaffe die Aufgabe nicht.", „Ich traue mich nicht.") können
sie sich kaum weiter auf eine Aufgabe konzentrieren.
Aber auch andere Gedanken, wie der Wunsch, etwas anderes zu spielen oder einfach die Gedanken abschweifen zu
lassen, verhindern, dass die eigentliche Handlung weiter
ausgeführt wird. Eine Methode, um mit diesen Ablenkern
fertig zu werden, ist die Technik „an eine Belohnung denken". Dies ist eine Motivationstechnik, bei der es weniger
um materielle Belohnung geht als um solche, die die intrinsische Motivation (innere Motivation) steigert. Materielle
Belohnungen können nämlich als „Bestechung" empfunden
werden und Studien belegen, dass die intrinsische Motivation durch solche Belohnungen sogar verringert werden
kann. Gesteigert wird sie hingegen durch Belohnungen, wie
z.B. sich auf das Ergebnis freuen, etwas Schönes unternehmen, spielen, usw.

Anwendung, Bild 8

Der Bernie-Bär ist abgelenkt. Er denkt an andere Dinge
und würde lieber spielen. Fragen Sie das Kind, was man
dagegen tun könnte und wie man es schafft, seine Aufgabe zu Ende zu bringen. Erklären Sie dann, dass der
Bernie-Bär an eine tolle Belohnung denkt, um bei der

Sache zu bleiben. Nämlich daran, wie sehr seine beste Freundin Kathie-Katze sich über den Kuchen freuen wird. Und dass sich Bernie-Bär vorstellt, wie stolz er sein wird, wenn er einen großen, braunen Kuchen in den Händen halten wird, den er SELBER gebacken hat.

Bild 8

Nach dem Lernen

Reflexion

Das Lernen ist mit Beendigung der Aufgabe keineswegs abgeschlossen. Die Reflexion, also das Nachdenken über die Aufgabe und das eigene Verhalten kann das künftige Handeln wesentlich beeinflussen.

Schon Vorschulkinder können bereits eigenständig bewerten und daraufhin ihre Strategien verändern. Sie können unter bestimmten sozialen Bedingungen sogar eine Selbstbewertung ihrer Leistung vornehmen.

Der Vorteil, Handlungen reflektieren und bewerten zu können, besteht darin, immer effektivere Strategien planen und anwenden zu können und sich immer geeignetere Ziele bei Aufgaben setzen zu können. Doch das Reflektieren am Ende einer Aufgabe fällt Kindern besonders schwer. Methodisch können Sie dem Kind dabei helfen:

1. Metakognitiver Dialog
Die bereits oben erwähnte Methode des metakognitiven Dialogs kann Kinder anregen, über ihre Aktivitäten nachzudenken. Dabei können folgende Fragen hilfreich sein: „Habe ich das erreicht, was ich mir vorgestellt habe?", „Bin ich zufrieden mit meinem Ergebnis?", „Warum habe ich es geschafft/nicht geschafft?"

Anwendung, Bild 9

Zeigen Sie das Bild, auf dem Bernie-Bär die Qualität des Kuchens kontrolliert. Nun können Sie das Kind durch systematisches Fragen dazu bringen, über die fertige Aufgabe, also den Kuchen, noch mal nachzudenken:

„Guck mal, Bernie-Bär kontrolliert genau wie ihm der Kuchen gelungen ist. Hat Bernie-Bär sein Ziel erreicht und das geschafft, was er wollte? (Ist-Soll-Vergleich). Warum hat er das geschafft? Was kann Bernie-Bär beim nächsten Mal besser machen? War die Aufgabe zu leicht oder zu schwer für Bernie-Bär?

Indem das Kind über diese Aspekte nachdenkt, kann es aus seinem Vorgehen lernen und es für weitere Aufgaben anpassen und verbessern.

Bild 9

2. Verbale Belohnung

Nach Beendigung einer Aufgabe ist es wichtig, das Kind für sein erreichtes Ziel zu belohnen. Wie oben erwähnt sollte es sich nicht um materielle Belohnungen handeln, sondern um

Belohnungen, die die intrinsische Motivation (innere Motivation) fördern. So können Sie z.B. das Kind dafür loben, was es gut gemacht hat. Denn durch Belohnung treten erwünschte Verhaltensweisen, wie Ziele setzen, planen, dranbleiben und Selbstbeobachtung umso häufiger auf, je systematischer sie verstärkt werden.

Anwendung, Bild 10

Zeigen Sie dem Kind das Bild, auf dem Bernie-Bär den fertigen Kuchen hochhält. Erklären Sie, dass er sehr zufrieden mit sich ist und wahnsinnig stolz auf sich sein kann.

Bild 10

Zusammenfassung der Strategien

1. Zielsetzung
Die Zielsetzung spielt vor dem Lernen für das eigenverantwortliche Lernen eine wichtige Rolle. Das Ziel des selbstbestimmten Lernens besteht nämlich darin, sich Ziele zu setzen und diese zu erreichen. Daher ist es wichtig, die Zielsetzung gezielt zu fördern.

2. Planung
Auch die Planung ist ein wesentlicher Bestandteil des eigenverantwortlichen Lernens. Kinder im Vorschulalter können bereits ganz einfache Pläne für ihre Aktivitäten entwickeln. Planen bei Kindern bedeutet, die Aufgabe in Teilschritte zu untergliedern, die einzelnen Schritte vorzubereiten, nicht sofort mit der Handlung zu beginnen, sondern sich die benötigten Teile zurechtzulegen.

3. Umgang mit inneren Ablenkern
Die Strategie hilft, nicht zielführende Gedanken zu unterdrücken, um dann die eigentliche Handlung weiterzuführen. Es geht dabei vor allem um innere Ablenker und nicht um Störungen, die von außen kommen. Innere Ablenker sind negative Gedanken, wie z.B. folgende: „Die anderen sind besser als ich" – „Ich schaffe es nicht" oder „Ich bin nicht klug genug". Aber auch andere Gedanken können die Aufmerksamkeit ablenken und die Beendigung der Aufgabe gefährden: der Wunsch etwas anderes zu tun oder einfach das Abschweifen der Gedanken.

4. Dranbleiben

Während des Lernens ist es besonders wichtig, bei der Aufgabe zu bleiben und durchzuhalten, damit das gesetzte Ziel erreicht werden kann. Die Strategie „Dranbleiben" beschreibt die willentliche Kontrolle eine Handlung aufrechtzuerhalten.

5. Konzentration

Eine Aufgabe konzentriert zu bearbeiten ist ein wesentlicher Bestandteil, um sie erfolgreich zu bewältigen. Ein Kind, das konzentriert arbeitet, ist ganz auf die Aufgabe bezogen, es gibt bei Schwierigkeiten nicht auf, sondern bleibt dran und zeigt Ausdauer beim Spiel.

6. Selbstbeobachtung

Selbstbeobachtung meint, dass eine Person ihr eigenes Verhalten bewusst beobachtet. Dadurch, dass die eigene Handlung bewusst wahrgenommen wird, kann sie modifiziert werden. Studien zeigen, dass allein das Beobachten einer Handlung schon zu einer Veränderung des Verhaltens führt.

Selbstbeobachtung zeigt sich bei einem Kind darin, dass es häufig überprüft, ob es einen Fehler in einer Aufgabe gemacht hat. Dazu vergleicht es sein Ergebnis mit der Vorlage. Es modifiziert seine Herangehensweise bzw. passt sie immer wieder an und nutzt Denkpausen, um sein Verhalten anzugleichen.

7. Reflexion

Schon früh sind Kinder in der Lage, über ihre Präferenzen, Fähigkeiten und Schwierigkeiten nachzudenken. Dies gilt es zu fördern. Der Vorteil, Handlungen reflektieren und bewerten zu können, besteht darin, immer effektivere Strategien planen zu können und sich immer geeignetere Ziele bei Aufgaben setzen zu können.

Zusammenfassung der Fördermethoden

Die vorgestellten Methoden eignen sich besonders für bestimmte Strategien in einzelnen Phasen, sie können aber natürlich auch in anderen Phasen und für andere Strategien verwendet werden oder unabhängig vom selbstständigen Lernen eingesetzt werden.

1. Metakognitive Dialoge (Unterstützung)
Der Begriff „Metakognitiver Dialog" bezeichnet ein Gespräch zwischen Erzieherin/Bezugsperson und Kind, in dem verschiedene Aspekte des Lernens reflektiert werden. Besonders für Vorschulkinder ist diese Form des Dialogs wichtig, da sie noch auf einer viel konkreteren Ebene denken als Grundschulkinder. Einige Fragen des metakognitiven Dialog können z.B. sein: „Was möchtest du am Ende dieser Aufgabe erreichen?", „Ist das zu leicht/zu schwierig für dich?", „Kannst du die Aufgabe in kleine Schritte einteilen?"

2. Modelllernen
Das Modelllernen beschreibt ein stellvertretendes Lernen. Das bedeutet, dass durch die Beobachtung bestimmter Verhaltensweisen von Modellpersonen gelernt wird. Ein Kind imitiert folglich ein Verhalten, das es bei einer anderen Person beobachtet hat.

3. Um Hilfe bitten
Um Hilfe bitten ist eine wichtige Form der Unterstützung und darf nicht unterschätzt werden. Das Kind muss realisieren, wann es nicht in der Lage ist, eine Aufgabe selber zu lösen, und wen es um Hilfe bitten kann. So legt es die Aufgabe nicht zur Seite, sondern holt sich Unter-

stützung. Aus diesen Gründen sollte Kindern gezielt vermittelt werden, dass sie Hilfe holen dürfen, ja sogar sollen, wenn sie nicht weiterkommen.

4. Belohnung

Nach Beendigung einer Aufgabe ist es wichtig, das Kind für sein erreichtes Ziel zu belohnen. Es sollte sich dabei nicht unbedingt um materielle Belohnungen handeln, sondern um Belohnungen, die die intrinsische Motivation, das heißt die Motivation von innen heraus, fördern. Das Kind kann z. B. dafür gelobt werden, was es gut gemacht hat. Die verbale Belohnung kann auch dazu eingesetzt werden, um das Kind zu motivieren, bei der Sache zu bleiben. Es kann für Dinge gelobt werden, die es bis dahin schon gut gemacht hat. Dadurch, dass das Kind an Teilerfolge erinnert wird, gibt es nicht so schnell auf.

5. Autonomieunterstützung (Unterstützung)

Die Unterstützung von Selbstständigkeit gehört zu den Hilfestellungen, die sich unter dem Begriff „Hilfe zur Selbsthilfe" zusammenfassen lassen. Das Ziel dieser Technik besteht darin, dass sich die Erzieherin zurücknimmt, um dem Kind eigenständige Lösungen zu ermöglichen. Die Selbstbestimmungstheorie[6] gibt Hinweise darauf, dass die intrinsische Motivation durch Autonomieunterstützung gefördert werden kann.

6. Genaue Demonstration des gewünschten Verhalten (Unterstützung)

Das bedeutet, dass eine Handlung möglichst detailgetreu von einer Erziehungsperson vorgemacht werden soll, sodass das Kind sie nachmachen kann. Dabei kann es helfen, die Handlung zu kommentieren.

---

6   Deci, E. & Ryan, R. (1993). Die Selbstbestimmungstheorie der Motivation und ihre Bedeutung für die Pädagogik. Zeitschrift für Pädagogik, 39, S. 223-238.

7. *Ermunterung, das erwünschte Verhalten zu zeigen (Ermunterung)*
Bei dieser Technik ermuntert die Erzieherin das Kind, ein gewünschtes Verhalten zu zeigen. Dabei kann das Kind mithilfe von Fragen und Aufforderungen zu einer Handlung motiviert werden. Vorraussetzung dafür ist, dass dem Kind das gewünschte Verhalten bekannt ist.

8. *An eine Belohnung denken (Selbstmotivation)*
Diese Methode ist eine Motivationstechnik, bei der es weniger um materielle Belohnungen geht als um solche, die die intrinsische Motivation (die Motivation, die von innen heraus kommt), steigern. Die Motivation von Kindern, eine Aufgabe zu beginnen oder zu Ende zu bringen, kann gesteigert werden, indem sie z.B. daran denken, wie sehr sie sich über ein Ergebnis freuen werden, dass sie auf sich stolz sein werden, dass sie danach etwas Schönes unternehmen, spielen o.ä.

Mit Legosteinen mathematische Grundsteine legen

V&R

Miriam Stiehler
**Mit Legosteinen
Rechnen lernen**
Mathematisches Verständnis
kindgerecht fördern
2009. 139 Seiten mit
mehreren Abbildungen, kartoniert
ISBN 978-3-525-70104-1

Aufgaben mit Legosteinen bieten motivierende und effiziente Möglichkeiten ein grundlegendes Zahl- und Mengenverständnis zu entwickeln.

Eltern, Erzieherinnen und Erzieher lernen, welche Aspekte für das Rechnenlernen entscheidend sind und wie man sie angemessen fördern kann.

Das Programm kann als Training über mehrere Wochen durchgeführt werden. Besser nutzt man es als Grundlage, um Logik und Rechnen dauerhaft zu fördern. Weil es nach Entwicklungsschritten aufgebaut ist, eignet sich das Buch auch für Kinder mit Dyskalkulie, für den Unterricht der ersten zwei Grundschuljahre sowie für Förderschulen und hochbegabte Vorschulkinder.

Vandenhoeck & Ruprecht